© 2021, Florence Gobled
Édition : BoD – Books on Demand,
12/14 rond-point des Champs-Élysées, 75008 Paris
Impression : BoD - Books on Demand, Norderstedt, Allemagne
ISBN : 9782322375950
Dépôt légal : Juin 2021

Illustrations Florence Gobled
Tous droits réservés. Reproduction totale ou partielle interdite.
Instagram : @florencegobled

Persos rigolos

À

colorier